人工智能教育 第五册

人工智能与社会

孙洪涛 苏晓静 主编

清华大学出版社

北京

内 容 简 介

本书以人工智能与社会为主线，重点关注人工智能在推进人们生活方式变化方面的表现，如在线支付、信息安全、智能生活、智能机器人等人工智能技术应用已广泛影响人们生活的方方面面。本书共四个单元，分别为在线社会、大数据与信息安全、智能生活、智能机器人。

本书适合作为小学高年级的教材或辅助资料，也可供小学科技教师参考。

图书在版编目（CIP）数据

人工智能教育.第五册，人工智能与社会 / 孙洪涛，苏晓静主编 . — 北京：清华大学出版社，2023.2
ISBN 978-7-302-62761-6

Ⅰ . ①人…　Ⅱ . ①孙…②苏…　Ⅲ . ①人工智能 – 小学 – 教学参考资料　Ⅳ . ① G623.583

中国国家版本馆 CIP 数据核字（2023）第 031798 号

责任编辑：白立军
封面设计：刘　䁔
责任校对：郝美丽
责任印制：丛怀宇

出版发行：清华大学出版社
　　　　网　　　址：http://www.tup.com.cn, http://www.wqbook.com
　　　　地　　　址：北京清华大学学研大厦 A 座　　　　邮　　编：100084
　　　　社 总 机：010-83470000　　　　　　　　　　邮　　购：010-62786544
　　　　投稿与读者服务：010-62776969, c-service@tup.tsinghua.edu.cn
　　　　质量反馈：010-62772015, zhiliang@tup.tsinghua.edu.cn
印　装　者：三河市龙大印装有限公司
经　　销：全国新华书店
开　　本：185mm×230mm　　　印　　张：5.75　　　字　　数：63 千字
版　　次：2023 年 4 月第 1 版　　　　　　　印　　次：2023 年 4 月第 1 次印刷
定　　价：45.00 元

产品编号：099168-01

出 版 说 明

　　2017 年 7 月，国务院发布《新一代人工智能发展规划》，要求在中小学阶段设置人工智能相关课程，逐步推广编程教育。2018 年 1 月，教育部正式将"人工智能"纳入《普通高中信息技术课程标准（2017 年版）》。人工智能进入校园，为学生的个性化发展而设计人工智能课程，受到教育界的高度关注。2022 年 4 月，教育部发布了义务教育阶段课程方案和各课程标准。在本次课程改革方案中，"信息科技"成为全国统一开设的独立课程科目，而人工智能技术是"信息科技"的重要内容。

　　本套书致力于开展人工智能普及教育，重点培养学生的理性思维、批判质疑精神和研究、创新能力，引导学生在掌握人工智能基本知识的同时，认识到人工智能在信息社会中发挥着越来越重要的促进作用，能够根据需要运用人工智能技术解决生活与学习中的问题，逐步成为信息社会的积极参与者。通过本套书的学习，学生能够获得人工智能的基本知识、技能、应用能力，以及相关的意识、伦理等方面的培育，在运用人工智能技术解决实际问题的过程中，成长为具有良好的信息意识与计算思维，具备数字化学习与创新能力以及信息社会责任感的未来公民。在编写过程中，除了聚焦人工智能信息素养的培育，还关注培养学生中国优秀传统文化与道德情感。例如，《人工智能教育（第二册）人工智能伴我游》以游览故宫为主线，通过古代文化与现代科技的融合，培养学生的爱国意识与文化自信。

　　依托北京师范大学"国家青少年 STEAM 教育体系建设及应用实践研究"课题的重要成果，本套书在编写过程中还参考了《义务教育信息科技课程标准（2022 年版）》《普通高中信息技术课程标准（2017 年版）》《中小学人工智能课程开发标准（试行）》等政策文件和行业标准，结合教学实际情况，由一线教师编写。

  本套书的学习内容均来自学生真实的生活场景，以活动贯穿，以问题引入，运用生动活泼、贴近生活的案例进行概念阐述。其中，每单元的开头设置明确的学习目标，目标先行，以终为始，教师和同学可以根据目标安排学习进度，设定预期的学习结果。

  本套书注重结合小学生的学习特点与教育规律，避免了单纯的知识传授与理论灌输。编写过程中构建了图图、灵灵、小智和 AI 小博士四个主人公，围绕他们在学校、家庭、社会中的所见所闻展开学习活动，具有亲切感。采用体验式学习、项目式学习与探究性学习，在阐述概念和理论的基础上，设置了聪明的大脑、AI 大挑战、准备好了、奇思妙想、大显身手、我的小成就、AI 爱创新等栏目。

图图   灵灵   小智   AI 小博士

  聪明的大脑——旨在培养学生爱思考、善发现的学习习惯，在生活中能够发现问题、提出问题。

  AI 大挑战——把问题转化成挑战性任务，明确要学习的目标。

  准备好了——为解决问题、挑战任务做好硬件、软件准备。

奇思妙想——为解决问题而先行设计，提出解决方案，培养设计思维和工程思维。

大显身手——主要是解决问题环节，提供具体的解决方案。

我的小成就——为学生提供展示与交流的机会，秀出自己的劳动成果。

AI 爱创新——在原有基础上拓展与创新，培养学生的创新意识与不断进取的精神。

本套书共六册。每册有不同的主题：第一册为走近人工智能，第二册为人工智能伴我游，第三册为生活中的人工智能，第四册为人工智能服务，第五册为人工智能与社会，第六册为人工智能与大数据。

参与本套书编写工作的教师均来自信息技术、通用技术、科学课程的教学一线，具有丰富的教育教学经验。他们对本套书的内容选择、展现形式、学习方式、组织实施、评价交流等都提出了很多宝贵的建议，部分内容还经历了多轮教学实验，从而保证内容的实用性和科学性。各册具体编写人员如下：

《人工智能教育（第一册）走近人工智能》

冯天晓　郑晓　姜凤敏　强光峰　朱燕娟　恽竹恬

《人工智能教育（第二册）人工智能伴我游》

李作林　温天骁　何玲燕　姜凤敏　朱燕娟　侯艺馨

《人工智能教育（第三册）生活中的人工智能》

杨玉春　霍俊飞　郝红继　傅悦铭　彭玉兵　张凯

《人工智能教育（第四册）人工智能服务》

王海涛　刘长焕　王晓龙　何玲燕　曹善皓　杨书恒

《人工智能教育（第五册）人工智能与社会》

孙洪涛　苏晓静　彭慧群　纪朝宪　孔伟　王栋

《人工智能教育（第六册）人工智能与大数据》

谢浩　纪朝宪　郑晓　李葆萍　恽竹恬　苏晓静

本套书适合小学阶段各年级学生、家长和一线教师阅读使用，要求亲自动手验证本套书中的内容，感受人工智能技术给人们生活带来的美好。

本套书得以完成，得益于清华大学出版社孙宇副社长、白立军编辑、杨帆编辑等工作人员的大力支持和帮助，以及北京师范大学人工智能学院、中国人民大学附属中学、中国海洋大学、山东省学前教育中心等单位提供的专业支持，在此表示衷心的感谢！同时还要感谢网易有道、邦宝益智对本套书提供的内容支撑和应用场景支持。

囿于作者能力，本套书难免存在不完善甚至错误之处，敬请广大读者批评指正。

2023 年 1 月

前　言

　　随着智能时代的到来，人们越来越多地关注人工智能。人工智能为人类提供了多个领域的帮助，并赋能社会。本书主题为人工智能与社会，让学生通过在线社会、大数据与信息安全、智能生活和智能机器人四个单元了解人工智能给人们的生活、学习和工作带来的便利。

　　五年级的学生具备了一定的学习能力和动手能力，他们可以利用在线网站、应用、小程序和一些硬件来实现对人工智能的体验，从而形成信息意识、计算思维和信息安全意识。

　　全书共四个单元。

　　第一单元——在线社会。让学生了解在线社会对人们生活的影响，并了解目前生活中使用比较多的移动支付、在线问诊、云存储与云服务功能。

　　第二单元——大数据与信息安全。让学生了解数据在生活中的作用，同时了解机器学习的实现方式；在信息时代知道保护个人隐私和尊重他人隐私的重要性；最后让学生了解人工智能带来的伦理与安全挑战，增强自我意识和责任感，做到与人工智能良好共处。

　　第三单元——智能生活。通过扫码乘车、刷脸乘车和车牌识别让学生了解相应的原理，体会人工智能带来的便利。

　　第四单元——智能机器人。让学生了解防疫机器人、看护机器人和智能分拣机器人的原理和实现方式，并体会机器人对人类生活的影响。

作　者
2023 年 1 月

目　录

第一单元
在 线 社 会

学习目标

（1）了解在线社会对人们生活的影响。

（2）了解移动支付，体验移动支付给人们带来的便利。

（3）了解在线问诊系统，体验在线问诊系统。

2020 年突如其来的一场疫情影响了人们的生活，曾经有一段时间，大人没法出门工作，学生没法去学校上课。在线学习、在线办公、在线会议成了人们学习、生活和工作的主要方式。长期在家后，图图发现学习中需要存储大量的资料，偶尔有点小病没有办法及时去医院。图图开始在网络上寻求一些解决办法。

第一课　移动支付

移动支付是指使用普通或智能手机完成支付或者确认支付，而不是用现金、银行卡或者支票支付。买家可以使用移动手机购买一系列的服务、数字产品或者商品等。随着时代的发展，在购物方面，人们越来越热衷于通过电商平台购买衣物、服饰、日用品，乃至大家电，这样既省时又省力。在饮食方面，现在各个网上订餐平台开始进入餐饮业，给不想做饭或没时间做饭的人带来极大便利。在生活方面，现在水费、电费、燃气费、理财、保险、话费都可以使用手机移动支付，同时可以实时查询一月、半年、一年的消费情况，非常便捷。在出行方面，人们可以使用打车和共享单车平台，公交和地铁也都可以移动支付，人们不需要纠结有没有零钱等问题。同时，线下商场、餐厅、娱乐场所等也使用移动支付方式，人们可以逛街不带现金。移动支付如图 1-1 所示。

图 1-1　移动支付

聪明的大脑

图图上学后需要乘坐公交车或地铁，每天带零钱非常麻烦。他办理了公交卡，在使用过程中由于粗心丢过两次。于是图图想像其他大哥哥和大姐姐一样使用移动支付的方式乘车。如何才能进行移动支付？图图通过查阅资料了解到可以通过微信小程序或 App 的方式进行支付。

AI 大挑战

在生活中，去商场、超市及就餐等都可以使用移动支付，微信和支付宝的使用非常普遍。图图在生活中遇到乘车支付的问题，他想尝试移动支付的方式。现在请你跟图图一起体验利用微信小程序进行乘车支付吧！

准备好了

（1）准备一部可以安装微信软件的手机。
（2）在微信中存入零钱或绑定一张银行卡。

大显身手

1. 实践案例

在各个平台进行移动支付时可以选择微信、支付宝、信用卡、储蓄卡、白条、闪付和代付等多种方式。图图想到利用微信小程序进行乘车支付，他查阅了相关教程，了解到可以在微信小程序中找到"北京一卡通"，开通北京一卡通电子卡，完成实名认证，绑定扣款方式，生成北京一卡通电子卡二维码。北京一卡通电子卡如图 1-2 所示。

图 1-2　北京一卡通电子卡

2. 实践流程图

如果使用手机进行移动支付，实践流程如图 1-3 所示。

图 1-3　移动支付实践流程

3. 实践步骤

第一步：准备安装好微信的手机。

第二步：在微信小程序中添加北京一卡通（其他地域根据实际情况添加）。

第三步：点开公交码，开通一卡通电子卡，实名认证并绑定银行卡或零钱支付。

第四步：生成支付二维码，在扫码终端体验移动支付。

我的小成就

通过本节课的学习，大家了解了移动支付，快来亲身体验一下移动支付，并对它的影响与应用做出评价吧。请完成表 1-1 的内容，用五星指数表示每项的评价结果。

表 1-1　移动支付体验评价表

评 价 内 容	评　　价
移动支付对人们生活的影响	☆ ☆ ☆ ☆ ☆
移动支付方式体验	☆ ☆ ☆ ☆ ☆
移动支付在生活中的应用	☆ ☆ ☆ ☆ ☆

AI 爱创新

今天学习了移动支付的一个应用场景——乘车支付，移动支付涉及生活中的很多领域，你对移动支付有哪些了解呢？

移动支付是指利用移动终端（目前主要是手机）与资金账户中心连接，包括少量近场直接实现收付款信息交互，实现在现金、支票、银行卡等支付结算方式之外新的非现金支付方式。一般情况下，移动支付涉及资金账户中心，移动支付信息传递、身份认证或安全保护、资金划拨等方面的处理系统与运行平台，用户移动终端设备（需要下载移动支付应用程序），收款方接受移动支付的配套设备和程序，资金账户中心与跨平台清算中心（如网联公司）的连接与跨平台资金清算等。

移动支付从业机构并不仅限于第三方支付公司，银行也是重要的参与者。移动支付可以大量替代现金支付，减少现金的印制、流通与管理的成本，加强货币支付合规性的监控。相对于传统银行支付结算方式，更多地依托公共互联网而非专用通信网，具有单笔金额小，但在系统连接、支付处理上更加便捷和高效，可以 24 小时不间断处理的特点，有利于推动货币的非现金化、数字化、智能化。

所以，随着通信和信息技术的发展，利用公共互联网与智能终端发展移动支付，推动支付结算提高效率、降低成本、优化服务，潜力巨大，是支付结算发展的必然选择，是支付结算创新发展的重要领域，理应积极探索、科学监管，推动其健康发展。

第二课　在线问诊

　　疫情期间，人们都减少了外出，更不愿意去医院。居家期间，图图的奶奶因为年龄的原因，睡眠经常出现问题，并伴随有腿痛。由于长时间不去医院检查，图图比较担心老人的身体情况，他开始在网上帮奶奶寻求解决办法。通过查询，他发现现在有很多在线问诊、在线诊断的平台，图图跟奶奶一起尝试之后发现在线平台准确性比较高，节省了大量的时间，非常方便。在线问诊如图 1-4 所示。

图 1-4　在线问诊

聪明的大脑

图图想给奶奶找一个在线问诊的平台，通过跟身边的人问询和查阅资料，他了解到目前在线问诊系统有不少。例如，人卫临床助手中的智能小卫；京东医疗 App、小荷健康 App（字节跳动旗下）；可以通过面部图像进行快速健康报告的微信"好啦"公众号；中医智能诊疗的寻艾中医平台和安徽中医药大学云诊科技等。人卫临床助手 App 如图 1-5 所示。

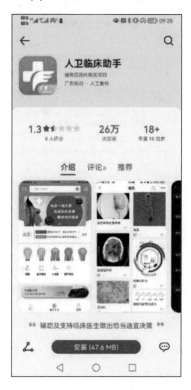

图 1-5　人卫临床助手 App

AI 大挑战

选择熟悉或方便的在线问诊系统进行体验。图图选择了微信"好啦"公众号。请你跟他一起体验该平台的功能吧！"好啦"公众号如图 1-6 所示。

图 1-6 "好啦"公众号

准备好了

（1）准备一部装有微信的手机或计算机。

（2）微信关注"好啦"公众号。

大显身手

1. 实践案例

体验一个在线问诊平台，了解平台的网址、App 下载与安装方式，在微信中关注公众号。图图选择了"好啦"公众号。

2. 实践流程图

体验一个在线问诊平台实践流程如图 1-7 所示。

图 1-7 体验一个在线问诊平台实践流程

3. 实践步骤

（1）准备装有微信的手机或计算机。

（2）关注"好啦"公众号。

（3）面部识别或提供信息。

（4）生成评估报告或反馈健康结果。

（5）健康咨询或医院就医。

我的小成就

通过本节课的学习，大家了解了在线问诊，快来体验一下并对它的影响与应用做出评价吧。请用五星指数完成表 1-2 的内容。

表 1-2 在线问诊评价表

评价内容	评价
人工智能对人类生活的影响	☆ ☆ ☆ ☆ ☆
"好啦"在线问诊平台的体验	☆ ☆ ☆ ☆ ☆
其他在线问诊平台的体验	☆ ☆ ☆ ☆ ☆
各个在线问诊平台的对比	☆ ☆ ☆ ☆ ☆

AI 爱创新

生活中肥胖人士越来越多，你了解人工智能是如何通过人的面部识别来判断肥胖的吗？

肥胖是一种严重影响公民身心健康的社会健康问题，长期肥胖还会引发一些慢性疾病，这些慢性疾病非常影响人们的身体健康。因此，有必要关注肥胖以及由肥胖引起的一些慢性疾病，提醒大家对于自己的健康状况进行较早的干预，防止一些慢性疾病的发生或者恶化。

身体质量指数（Body Mass Index，BMI）简称体质指数，是评价肥胖的一个世界公认的评定标准，一个人的 BMI 值越高，就代表这个人的肥胖程度越高。然而随着人的体重变化，面部形状也会发生变化。据研究表明，人的面部照片中显示的面部肥胖与他们的 BMI 是成正相关的，随着 BMI 的增大，面部肥胖程度也开始增大。同时 BMI 的增大也与血管疾病和糖尿病的风险增大成正相关。研究表明，超重与心血管健康之间有着密切的关系，所以面部肥胖可以有效地提示人的健康状态。因此，根据上述研究可以基于人脸图像进行 BMI、血压、血脂、血糖指标的预测。

另一方面，深度神经网络不断发展，它已广泛应用于越来越智能的场景中。神经网络具有强大的特征提取功能和抽象功能，能够有效应对智能时代和大数据时代的需求。经过实践的不断证明，深度神经网络在分类、回归、目标检测、自然语言处理等领域效果卓越。通过深度神经网络进行基于人脸图像的健康预测，在实际应用中会让未来的诊断更加便捷与快速。

第三课　云存储与云服务

　　"云"这个字眼，听起来离大家很远，但在生活中又经常出现，例如云计算、云存储、云服务，那么到底什么是"云"呢？"云"是一个遍布全球的服务器组成的网络，每次登录邮箱账户、在手机上刷朋友圈、在平板电脑上观看节目，或者从云盘上打开文件时，都在使用"云"。信息时代的计算资源，既包括 CPU、存储等硬件资源，也包括应用程序等软件资源。而"云"就是获取这些资源的一种新型方式。人们身处云计算和大数据时代，已经在"云"端学习与生活。

聪明的大脑

　　马上小学毕业了，图图要和同学们一起做一个毕业纪念册，他请灵灵帮忙一起收集并整理同学们小学阶段最生动难忘的照片和视频资料。

　　四十多位同学提交照片，收集起来是个大工程，何况我的手机内存也小，微信收照片恐怕是不行。

　　拿 U 盘复制提交太麻烦也来不及，不然让同学们把照片和视频发到指定的邮箱吧。就是辛苦点，得下载四十多封邮件的附件。

　　用云盘来收集文件多好，只需要给同学们分享提交文件的链接，大家的照片就都能上传到云盘指定位置，方便又高效。

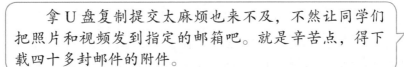

思考：图图有什么好办法能在周末同学们都不到学校的情况下，高效便捷地收集全班同学的照片呢？

AI 大挑战

任务一：申请云存储空间，注册账号。

任务二：在云存储空间上建立分类文件夹，存放自己的资料。

任务三：用云盘分享或收集文件。

任务四：用不同终端设备查看、管理云盘文件。

准备好了

（1）工具（设备）：能够连接网络的计算机、手机（或者平板电脑）。

（2）材料：学习资料、照片、视频等。

大显身手

云盘能够为计算机／手机中的文件提供云端备份、预览、分享等服务，使数据管理更加高效便捷。

1. 实践案例

在使用"云"之前，你可能已经将文档、照片、音乐或者视频备份到计算机硬盘上了，现在，你可以将这些信息备份到云盘中。

当你将手机或者计算机里的数据备份到云端时，你的文件会被送到数据中心的服务器，你可以通过互联网来访问这些服务器。因此，即使丢失或者损坏了手机或计算机硬盘，数据也不会永远丢失。"云"还有很多其他优势，只要连接到互联网，你就可以通过云存储在任何时间、任何地点，通过不同终端访问自己的数据，而且不必担心用完硬盘上的所有存储空间，这意味着你不必再为配备大量存储空间的设备支付太多费用。云盘简直就是随时随地共享资料而且保证数据不丢失的港湾。云存储如图 1-8 所示。

图 1-8 云存储

云存储可以降低成本，提高效率，只需要在终端上简单安装云盘客户端，就可以实现云端文件共享及多终端同步。

连接云盘，你就能够查看你想要浏览的文件。跟家人一起在大屏幕电视上观看一部搞笑的电影，用平板电脑进行期末复习，在自己的手机上翻一翻去年旅游的图片和视频。再也不用 U 盘来回复制，也不用担心忘记资料存放在哪里了。

2. 实践流程图

云盘使用实践流程如图 1-9 所示。

图 1-9 云盘使用实践流程

3. 实践步骤

（1）登录网址 https://pan.baidu.com/，为了更方便地使用云盘，也可以下载百度云盘客户端。

（2）注册云盘账号，请牢记自己的用户名和密码。

> **密码设置小贴士**
>
> 为了防止被别人或者机器轻易破解，最好提高密码复杂度，设置尽可能长、尽可能复杂陌生的字符组合作为密码。密码的长度会影响其安全性，密码越长，安全系数越高，建议至少设置 8 位密码。密码中的字符变化越多越难猜测，较安全的密码应该是由大小写字母、数字、符号组成的。

（3）在云盘中分类存放自己的文件、资料。

> **文件管理小贴士**
>
> 文件管理的真谛在于方便保存和迅速提取，目前最理想的方法就是分类管理，大家可以按照自己的工作和生活需要，创建大大小小、多个层级的文件夹，建立合理的文件保存架构。文件、文件夹要规范化地命名，并放入最合适的文件夹中。这样，当需要什么文件时，就知道到哪里去寻找。

（4）尝试往云盘上传一些文件，可以是自己的学习资料，自己喜欢的电影、歌曲，或者是几张照片。

> **信息安全小贴士**
>
> 身份证号码、家庭住址、通讯录信息、个人健康记录、生物特征等属于个人隐私信息，建议谨慎上传。需要特殊保护的资料请上传到"隐藏空间"中。

（5）分享文件和收集文件。

① 分享文件，把需要分享的文件创建私密链接或者生成分享二维码，共享

给家人或者好友。为保护隐私，在分享文件时，可以选择"加密分享"，选择了"加密分享"，上传的分享资料就只有输入正确密码才能查看。

② 收集文件，只需要留下你的收集链接，别人就可以把需要提交的文件直接上传到你的云盘里，还不用担心分享链接过期的问题。

（6）换一个终端设备，登录自己的云盘，查看、管理自己和同学们上传的分享文件。

请根据你的使用经验，比较云存储和本地存储的优缺点，并填入表 1-3 中。

表 1-3　云存储和本地存储的优缺点

存 储 方 式	优　　　点	缺　　　点
云存储		
本地存储		

我的小成就

根据自己对云存储的使用情况，给表 1-4 中的五角星涂上颜色。

表 1-4　云存储星级评价表

评 价 内 容	评　　价
注册云盘账号	☆ ☆ ☆ ☆ ☆
在云盘中管理文件（上传和下载）	☆ ☆ ☆ ☆ ☆
用云盘分享文件	☆ ☆ ☆ ☆ ☆
用云盘收集文件	☆ ☆ ☆ ☆ ☆
用多个终端浏览管理文件	☆ ☆ ☆ ☆ ☆

AI 爱创新

人工智能需要大数据、强算力、好算法，AI 训练的复杂算法模型对计算机运算能力、内存大小等提出了很高要求。以人工智能识别动物为例，要得到能准确识别动物的机器智能，需要：

（1）成千上万张甚至更多的动物图片提供给机器来学习。

（2）大量计算来训练智能模型。

个人获得如此多的不同类型动物的图片费时费力且难度较大，个人计算机的硬件配置也难以胜任大容量复杂计算。因此，在个人计算机上很难进行人工智能的模型训练。云平台可以实现算法训练所需要的算力要求，实现数据模型的分析训练和快速高效迭代。对于大多数用户来说，能够使用基于这个算法的应用程序即可，只需要一个接口（或者界面），就能够轻松使用这些智能服务了，现在同学们也可以尝试利用人工智能云服务进行人工智能的学习和开发。

百度 AI 开放平台提供了类型丰富的人工智能服务（见百度 AI 开放平台官网），仅图像识别就可以精准识别超过十万种物体和场景，包括通用物体和场景识别、品牌 Logo 识别、植物识别、动物识别、菜品识别、地标识别、果蔬识别、红酒识别、货币识别、图像主体检测等服务，并提供相应的应用程序接口服务。

同学们还可以体验以下智能服务。

1. 人脸检测与属性分析

快速检测人脸并返回人脸框位置，输出人脸的 150 个关键点坐标，准确识别多种属性信息。

2. 植物识别

识别近八千种植物，接口返回植物名称，并可获取识别结果对应的百科信息。

3. 在线语音合成

高度拟人、流畅自然的语音合成服务，让你的应用、设备开口说话，更具个性。

第二单元
大数据与信息安全

学习目标

（1）了解大数据在生活中的应用和发挥的作用，理解数字世界与现实世界的相互关系。

（2）初步了解机器学习的实现方式。

（3）知道有意识地保护个人的隐私信息，尊重他人的隐私。

（4）了解人工智能带来的伦理与安全挑战，增强自我判断意识和责任感，做到与人工智能良好共处。

赶紧打开购物网站，首页正在搞文具促销活动，比平时便宜不少呢！

咦？我这里怎么没看到？我的首页跟你的首页怎么不一样？咱俩上的是一个购物网站吗？

一个网站没错，你们看到的页面也确实不一样，那是因为购物网站利用大数据进行个性化推荐了。

这项神奇的技术之所以能够"猜"到你的心意，是因为不知不觉中，它已经掌握了你之前的浏览或消费习惯，你在搜索引擎上的每一次搜索，你的网络行为、位置，甚至身体、生理等每一点变化，都是可被记录和分析的数据。互联网企业为了提高点击率和增强用户黏性，对用户行为大数据进行分析，得出用户画像，然后为用户推送个性化的内容，如图2-1所示。

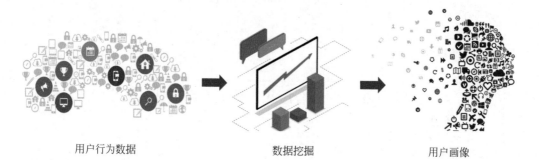

用户行为数据　　　　　　　数据挖掘　　　　　　　用户画像

图 2-1　个性化推送

第一课　大　数　据

伴随着云计算、物联网、人工智能的快速发展和传统产业数字化的转型，大数据已经渗透到社会发展的方方面面，在很多领域都给人类社会带来了变革与创新，数据的价值和地位也越来越高。数据是信息社会的能源，是血液，是创新的来源。大数据如图 2-2 所示。

图 2-2　大数据

聪明的大脑

你和好朋友一起登录了同一家购物网站，可是看到的首页商品推荐信息却不一样；你曾经在搜索引擎上搜索过一双运动鞋，那几天经常弹出购物网站广告，而且广告的配图还是一双运动鞋；你和父母都安装了新闻类 App，可是你们每天被推送的新闻信息却不相同……想一想，为什么会出现这些情况呢？

这是大数据在算法推荐方面的应用。用户登录后，有一些网站会记录用户的上网记录（单击、搜索、收藏、订阅、购买）等行为数据，然后根据数据分析解读用户的兴趣，使用推荐算法深度挖掘用户的行为偏好，形成用户画像，进行精准营销，智能地向用户展示符合其兴趣偏好或购买意图的产品，实现个性化推荐。用户画像如图 2-3 所示。

自然特征
❖ 性别

社会特征
❖ 婚姻

偏好特征
❖ 兴趣爱好

消费特征
❖ 购买力

图 2-3　用户画像

大数据正在改变每个人的生活，它可以根据你此前或者实时产生的数据来匹配你可能感兴趣或者最需要的东西。同学们身边很多地方都有大数据的身影。想一想，在表 2-1 所示的应用场景中，大数据能做什么呢？一起来一探究竟吧！

表 2-1　大数据的应用场景

应 用 场 景	应 用 形 式
电商平台	个性化体验和实时促销推荐，360°客户视图
新闻 App	推送你可能感兴趣的内容
音乐娱乐	给用户推荐歌曲、歌单、视频
智能客服	
智能交通	
在线教育	
……	

AI 大挑战

大数据是人们在学习、工作、生活中的真实记录，也是企业、行业、国家和社会的重要资源。零售企业利用大数据精确探知顾客需求，金融业利用大数据进行市场情绪评估，制药企业利用大数据追踪药物疗效，监测其潜在副作用。大数据在智能安防、疫情监测、天气预报、智能交通等多个领域发挥着重要作用，如图 2-4 所示。

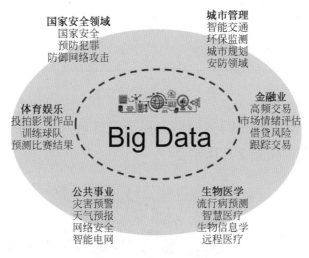

图 2-4　大数据的应用

大显身手

目前，大数据广泛应用于金融、交通、环境、医疗、能源、农业等领域，极大地促进了各行业的发展。大数据分析应用对社会产生了积极的意义：政府治理更精准，经济治理更高效，公共服务更智慧，商业创新更迅猛……

实践 1：体验百度指数

选择你感兴趣的关键词进行搜索对比，如图 2-5 所示。

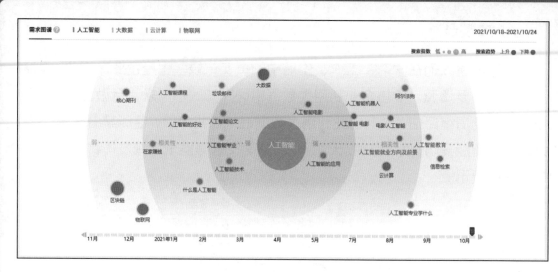

图 2-5　体验百度指数

实践 2：利用图悦在线词频分析工具（见其官网）对 2021 年的政府工作报告进行词云分析，如图 2-6 所示。

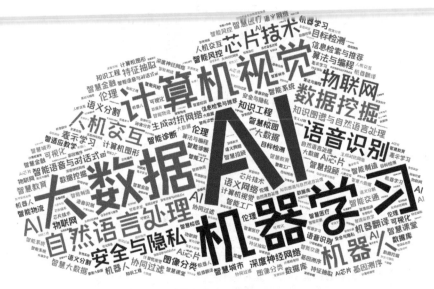

图 2-6　词云图

我的小成就

根据自己对大数据的了解情况，给表 2-2 中的五角星涂上颜色。

表 2-2　大数据星级评价表

评　价　内　容	评　　价
了解大数据在生活中的应用	☆ ☆ ☆ ☆ ☆
理解大数据在多个领域发挥的作用	☆ ☆ ☆ ☆ ☆
了解大数据分析应用对社会产生的积极意义	☆ ☆ ☆ ☆ ☆

AI 爱创新

随着大数据在各领域的应用，数据成为核心资产，数据规模及运用数据的能力成为各行业发展的推动力。例如在交通领域，大数据应用推进了智能交通的发展，网络购票、打车软件、智能公交系统、导航系统等多类服务，使人们的出行更加便捷。智能交通系统的数据存储如图 2-7 所示。

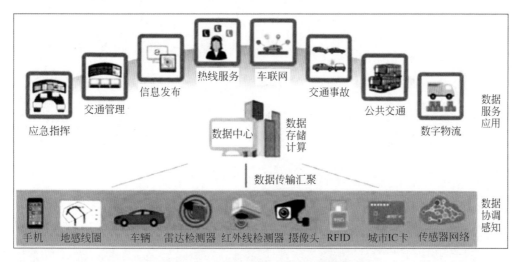

图 2-7　智能交通系统的数据存储

以小组为单位，结合自身经历，谈谈什么是智能交通中"智能"的基础，智能交通为你的出行提供了什么便利。现有的智能交通信息服务系统的大数据应用（推荐行驶路线，红绿灯配时，发布拥堵信息、道路管制、事故与救援信息等），你觉得还可以从哪些方面去改进？填写表2-3。

表2-3　智能交通信息服务系统改进建议

希望改进的功能	可以利用的大数据

第二课　数据采集与机器学习

小智说购物平台用大数据来预测顾客的下一次购买行为，那都是用什么数据呢？如何预测呢？

应该是收集你的各种信息，浏览记录、收藏记录、历史交易数据，有了数据，机器就能根据数据进行预测了。

没错！通过机器学习的一些算法分析购买、浏览和收藏等数据得到一个推荐模型，分析你的喜好，预测你接下来的购买行为。

聪明的大脑

传感器、网络爬虫、录入、导入、API 等都可以进行数据采集。人们在在线购物、浏览新闻、音乐娱乐、导航出行、在线学习的过程中，大数据技术对这些庞大的、看似无用的数据资源进行收集、统计、深入分析，发现其背后蕴含的规律，并加以开发和利用。

想一想，以下人工智能应用场景（见表 2-4）需要采集哪些与用户相关的数据呢？

表2-4　人工智能应用场景

应用场景	需要收集的数据类型
电商平台	顾客年龄、性别、交易金额、交易商品、交易时间、收藏记录、曾经搜索过的商品……
新闻 App	流量、访客数、登录时间、登录时长、浏览内容……
音乐娱乐	收听收看数据，收藏数据，喜爱、跳过、停止等操作信息……
智能手环	
智能交通	
在线教育	

　　机器学习研究和构建的是一种特殊算法，能够让计算机自己在数据中学习，从而进行预测。机器学习的基本思路是把现实生活中的问题抽象成数学模型，然后利用数学方法对这个数学模型进行求解，从而解决现实生活中的问题。机器学习的实现原理如图2-8所示。

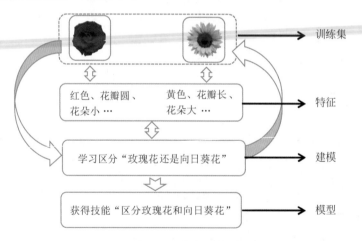

图2-8　机器学习的实现原理

　　用人类学习的过程类比机器学习，教小朋友区分玫瑰花和向日葵花。首先会告诉小朋友哪朵是玫瑰花和哪朵是向日葵花，然后小朋友观察花朵，总结规律"红色、花瓣圆、花朵小……的是玫瑰花，黄色、花瓣长、花朵大……的是向日葵花"。不断重复上面的过程，小朋友的大脑就在不停地学习。当重复的次数足够多时，小朋友就学会了一个新技能——区分玫瑰花和向日葵花。

机器学习跟人类的学习过程很相似。

（1）玫瑰花和向日葵花的实物或者图片在机器学习中叫训练集。

（2）"颜色、花瓣形状、花朵大小"这些区分两种花的属性叫特征。

（3）小朋友不断学习的过程叫建模。

（4）学会了区分两种花之后总结出来的规律叫模型。

通过训练集，不断识别特征，建模，最后形成有效的模型，这个过程就叫"机器学习"！

AI 大挑战

以下任务（见表 2-5），如果需要构建一个机器学习的算法模型，你需要采集哪些数据呢？

表 2-5　任务表

任　　务	需要采集的数据
车牌识别	
人脸识别	
快递分拣	

大显身手

有同学肯定会问，这么简单的问题，直接编程不就解决了。例如，可以人为地告诉计算机，向日葵花是黄色的，玫瑰花是红色的，程序写好后，计算机看到黄色花就把它识别为向日葵花，看到红色花就把它识别为玫瑰花，这是显著式编程，如图 2-9 所示。

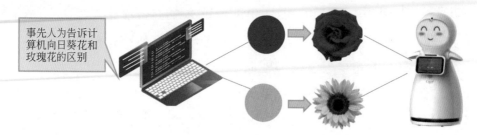

图 2-9　显著式编程

　　但是在现实生活中，有些问题非常复杂，涉及的因素也很多，没有办法给计算机指定明确的规则，需要计算机自己从已有数据中发现和总结规律。

　　例如上一个问题：如果只给计算机一堆向日葵花和玫瑰花的图片，然后编写程序，让计算机自己总结向日葵花和玫瑰花的区别，计算机可能总结出向日葵花的花朵大、玫瑰花的花朵小；向日葵花的花瓣长，玫瑰花的花瓣圆；也可能总结出向日葵花是黄色的，玫瑰花是红色的这个规律。总之，事先并不约定计算机必须总结出什么规律，而是让计算机在一大堆可能的规律中挑出最能区分向日葵花和玫瑰花的一些规律，从而完成向日葵花和玫瑰花的识别。这种让计算机自己总结规律的方法叫非显著式编程。机器学习就是这种非显著式编程方法，如图 2-10 所示。

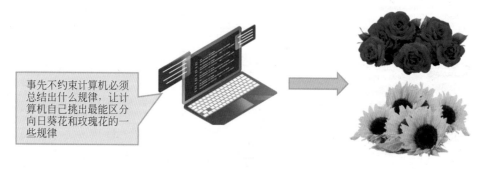

图 2-10　非显著式编程

请你想一想，如果你想专门有一个机器人，能帮你取文具，是用哪种方法编程更好呢？把机器学习的优势和缺点填入表2-6中。

表2-6　机器人取文具

取文具方式	优　　势	缺　　点
显著式编程	只要提前了解环境，程序比较容易编写	文具改变了位置就取不到了
机器学习		

我的小成就

　　根据自己对机器学习的理解情况，给表2-7中的五角星涂上颜色。

表2-7　机器学习星级评价表

评价内容	评　　价
能根据任务的不同选择合适的数据进行采集	☆ ☆ ☆ ☆ ☆
初步了解机器学习的实现原理	☆ ☆ ☆ ☆ ☆
能够区分显著式编程和机器学习	☆ ☆ ☆ ☆ ☆
理解任务 T、性能指标 P 和经验 E 的含义	☆ ☆ ☆ ☆ ☆

AI 爱创新

　　一个计算机程序被称为可以学习，是指它能够针对某个任务 T（Task）和某个性能指标 P（Performance），从经验 E（Experience）中学习。这种学习的特点是，它在 T 上的被 P 所衡量的性能，会随着 E 的增加而提升。

——Tom Mitchell

　　分析计算机识别花朵的机器学习中，任务 T、经验 E 和性能指标 P 分别是什么？如图 2-11 所示。

图 2-11　计算机识别花朵的机器学习

在让计算机自动识别向日葵花和玫瑰花的尝试中，机器学习就是针对识别向日葵花和玫瑰花这样的任务 T，构造某种算法。这种算法的特点是：当经验 E 越来越多（向日葵花和玫瑰花样本量足够多）时，性能指标 P 也会越来越高。

想一想，这几个任务的经验 E 是什么？性能指标 P 又是什么？填入表 2-8 中。

表 2-8　经验 E 和性能指标 P

任务 T	经验 E	性能指标 P
车牌识别		
人脸识别		
快递分拣		

第三课 信息安全

谢谢你昨天给我发的大红包，你怎么知道我过生日的？

你朋友圈里上周不就预告了吗？昨天你还贴出了戴着寿星帽的大头照。

灵灵，晒个人照片得谨慎一点，小心人脸信息被盗用，人脸识别是访问互联网应用的重要身份 ID，一旦被破解，就意味着别人能登录和操作你的账户。

大数据时代，你在网络平台上的每个操作都有可能被服务器记录下来，当机密、敏感或受保护的信息暴露给未经授权访问的人时，就会发生数据泄露。在搜索引擎上以"数据泄露"为关键词进行搜索，搜索结果触目惊心，如表 2-9 所示。

表 2-9 "数据泄露"搜索结果

泄密事件	数据泄露量
Facebook 用户信息泄露	约 8700 万用户数据
波音公司敏感信息泄露	25 万页的敏感航空航天文件
瑞典交通系统遭到攻击	该国每辆车的详细信息遭泄露

续表

泄 密 事 件	数据泄露量
泰国国际游客信息泄露	200GB、1.06 亿条个人信息
微博数据大规模泄露	5.38 亿用户数据
某快递公司用户信息泄露	10 亿条用户信息数据
Elasticsearch 数据库	27 亿个电子邮件地址

　　人工智能的三大要素是数据、算力、算法。其中，数据是驱使人工智能发动的重要燃料，人工智能在使用数据资源时，通常会涉及用户的隐私数据，如年龄、性别、面部特征、指纹信息、账号信息、健康状况、身份证号码等重要个人敏感信息。这些信息如果被合理、合法地使用，会带来积极影响，但是个人信息一旦泄露或者遭到非法盗用，可能会导致个人人格尊严受到侵害或者人身、财产安全受到危害，也可能会给企业、社会甚至国家造成损失和伤害。

聪明的大脑

　　家里的智能门锁是指纹识别的，还可以远程开锁；网购平台启用了人脸识别支付系统，只要直接"刷脸"就可以完成支付了；家里的智能音箱实在是太方便了，能随时跟我对话，听我的指令……

　　技术在给人们带来便利的同时，也存在安全隐患。日常生活中不经意的举动，可能会使当事人置身于风险之中，请你分析表 2-10 中的应用场景存在哪些安全风险。

表 2-10　应用场景存在的风险

场 　 景	安 全 风 险
使用人脸识别支付系统	面部识别信息被盗用造成资金损失

续表

场　　景	安　全　风　险
智能门锁	
智能音箱	黑客入侵窃听隐私
在社交软件中发布个人照片、位置信息	
在街边扫描小广告页的二维码领礼物	
不小心登录了钓鱼网站	
使用公共场所的免费 WiFi 进行支付	

大显身手

人们很可能在使用技术的过程中，主动或者被动地泄露了个人信息。为了防患于未然，大家一起来探索一下个人信息泄露的途径和防范措施吧，如表 2-11 所示。

表 2-11　个人信息泄露的途径和防范措施

个人信息泄露的途径	防　范　措　施
人为倒卖	谨慎处置旧计算机、旧手机，不随意丢弃快递单等票据，不填写来路不明的调查
手机泄露	
计算机病毒感染	
网站漏洞	

下面再来一起探索一下信息安全策略吧！

信息安全策略

不泄露
✧ 利用社交网站的安全与隐私设置保护敏感信息；
✧ 账户信息；
✧ 个人密码；
✧ 指纹信息；
✧ 面部信息；
✧ _____
✧ _____

不留底
✧ 不要在计算机上自动保存密码；
✧ 自己的重要资料不被复制或存留在公用计算机的回收站；
✧ _____
✧ _____
✧ _____

不轻信
✧ 不轻易单击未经核实的链接；
✧ 不参与不规范的调查；
✧ _____
✧ _____
✧ _____
✧ _____

我的小成就

根据自己对信息安全的了解情况，给表 2-12 中的五角星涂上颜色。

表 2-12　信息安全星级评价表

评价内容	评　价
了解数据泄露的影响和后果	☆ ☆ ☆ ☆ ☆
知道个人信息安全的防范策略	☆ ☆ ☆ ☆ ☆
能够批判性思考人工智能技术给人类信息社会带来的影响、机遇和挑战	☆ ☆ ☆ ☆ ☆

AI 爱创新

1950 年，科幻作家阿西莫夫在《我，机器人》中提出机器人三定律来保护人类利益，这三条定律被称为阿西莫夫三定律或机器人三定律。

第一定律：机器人不得伤害人类，也不能在人类面临危险时袖手旁观。

第二定律：在与第一定律不冲突的情况下，机器人必须服从人类的命令。

第三定律：在不违反第一、第二定律的情况下，机器人要尽可能保护自己。

英国著名科学家霍金曾提及他对人工智能的担忧：人工智能的崛起，可能会导致人类的灭亡。目前，机器人已经在有些方面比人类厉害，想一想，如果人工智能具有超过人类的智慧，它会在哪些领域为人类服务？在哪些方面会给人类造成伤害？阿西莫夫为什么提出机器人三定律？你支持发展人工智能吗？把你的观点写下来，跟不同观点的同学进行一场辩论。

> 我支持 / 反对发展人工智能。因为：

第三单元
智 能 生 活

学习目标

（1）体会人工智能给人们带来的便利。

（2）能结合案例理解扫码乘车、刷脸乘车和车牌识别的基本工作原理。

（3）能在生活中寻找应用人工智能的案例，分析其工作过程。

随着人工智能的发展，人工智能的很多产品进入了人们的生活。智能家居、智能机器人、智能设备和在线生活方式时时刻刻都仕影响着人们。如图 3-1 所示，从早上起床开始，人们的出行方式、学习方式、工作方式和生活方式方方面面都受到人工智能的影响。车牌识别、扫码乘车、刷脸解锁、刷脸乘车、购物推送、远程家电控制等节省了人们的时间和精力，让大家有更好的生活体验。同学们想过这些智能产品的工作原理吗？是否想尝试设计一种？

图 3-1 智能生活

第一课 扫码乘车

周末图图和妈妈计划乘公交车去奶奶家，公交车到达后，妈妈发现忘记带公交卡了，身上还没有零钱，图图妈妈正在犯愁如何解决时，发现身边的年轻人都在用手机扫码上车。原来在现在移动支付的时代，每天都有许多不带现金、没有零钱或没有公交卡的"新乘客"乘车，于是就出现了公交和地铁的扫码支付系统，大家只要携带手机，打开小程序或 App 就可以乘车，非常便捷，如图 3-2 所示。

图 3-2　扫码乘车

聪明的大脑

图图帮助妈妈下载了 App，顺利完成了扫码乘车。在公交车上，他联想到了自动售卖机，自动售卖机是扫码支付、出货物，跟扫码乘车原理类似。他想到自己学习的人工智能知识，自己也想设计一台可以扫码乘车的系统。他在脑海里构想了系统所需的零件、整体结构和程序流程图。

AI 大挑战

研究扫码乘车的原理；准备所需要的零件；构思系统整体的结构；绘制程序流程图；完成扫码乘车系统的设计与制作。

准备好了

（1）工具（设备）：AI9 编程软件和计算机。

（2）材料：AI9 主控器、AI 视觉模块、中型电机、结构零件。

奇思妙想

大家了解了扫码乘车在生活中的应用，也来动手做一个可以扫码乘车的机器人吧，将方案设计图画在表 3-1 中。

表 3-1　方案设计

方案设计图	创 意 想 法

大显身手

1. 实践案例

扫码乘车系统需要选择视觉传感器，视觉传感器的主要功能是获取足够的机器视觉系统要处理的最原始图像，由一个或者两个图形传感器组成，有时还要配以光投射器及其他辅助设备。在项目模拟过程中，选择 AI9 视觉模块、AI9 电机和结构件进行设计和搭建硬件结构。在软件中实现二维码的识别。

2. 实践流程图

请同学们思考该项目制作调试的顺序是怎样的，尝试写出制作调试的流程图，如表 3-2 所示。

表 3-2　制作调试流程图

制作调试流程图	备　注

请根据程序流程图尝试编写扫码乘车系统的程序，并进行调试。程序流程图如图 3-3 所示。

3. 实践步骤

（1）搭建扫码乘车系统主框架结构。扫码乘车硬件结构如图 3-4 所示。

（2）安装扫码乘车系统的控制器和视觉模块。

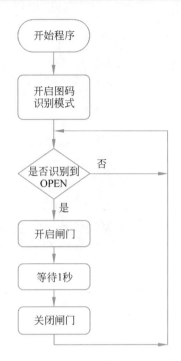

图 3-3　程序流程图

图 3-4　扫码乘车硬件结构

（3）编写控制程序，参考程序如图 3-5 所示。

小贴士

制作过程中注意结构设计的合理性，避免出现倾倒等问题。

41

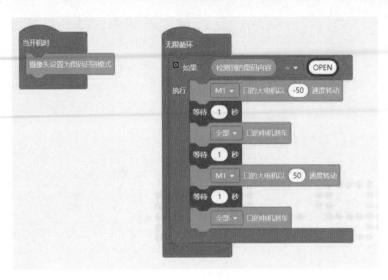

图 3-5 参考程序

我的小成就

通过本节课的学习，大家了解了扫码乘车，快来体验一下并评价它的相关内容。填写五星指标来完成表 3-3。

表 3-3 扫码乘车评价表

评 价 内 容	评 价
人工智能对人类生活的影响	☆ ☆ ☆ ☆ ☆
扫码乘车系统的工作过程理解	☆ ☆ ☆ ☆ ☆
视觉传感器的原理	☆ ☆ ☆ ☆ ☆
扫码乘车系统的设计与制作	☆ ☆ ☆ ☆ ☆

AI 爱创新

扫码在生活中有很多应用，思考生活中有哪些事情可以通过扫码来解决。

第二课　刷脸乘车

　　周末灵灵准备乘坐公交车去科技馆参加期待已久的科技活动，活动时间快到了，灵灵急急忙忙赶到公交站，准备上车时她才发现自己忘记带公交卡。灵灵出来时没有带零钱，正在灵灵不知道怎么办时，一位阿姨了解情况后帮她付了公交费。灵灵非常感激阿姨对自己的帮助，心想自己以后也要向阿姨学习多帮助身边有困难的人。这件事情也引发了灵灵关于乘车问题的思考，她想起和妈妈去银行取钱时忘记带银行卡但能通过刷脸来办理业务，那能不能通过刷脸来乘车呢？

聪明的大脑

　　灵灵与 AI 小博士交流了自己的想法，AI 小博士夸奖灵灵越来越善于思考了，他告诉灵灵随着科技的快速发展，生活中很多事情都可以通过刷脸来解决，AI 小博士建议灵灵先思考刷脸时是怎样进行人脸识别的，然后再去设计制作刷脸乘车装置。灵灵找来图图，两人对着镜子你看看我、我看看你，灵灵发现自己是圆脸而图图是长脸，图图观察到灵灵比自己眼睛大，看着看着两个人突然恍然大悟，人脸识别是要采集人脸特征来进行的，他们又查找了相关资料，并开始设计、制作刷脸乘车装置。

AI 大挑战

　　为了更好地完成这种刷脸乘车装置的制作，灵灵决定先弄清刷脸乘车装置的工作原理，再进行硬件的搭建和程序控制，并对整个完成过程进行设计。设计过程如图 3-6 所示。

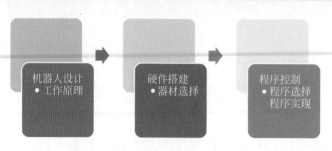

图 3-6　设计过程

首先要弄清楚刷脸乘车装置的工作原理。亲爱的同学们，来和灵灵一起完成吧！

（1）用（　　　）能够检测人脸特征，从而实现人脸识别。

（2）人脸识别后，用（　　　）打开道闸。

准备好了

工具（设备）：AI9 主控器、AI 视觉模块、中型电机、计算机等。

奇思妙想

灵灵用结构图的形式从机械原理、模块编程两方面构思了刷脸乘车装置的设计，如图 3-7 所示。

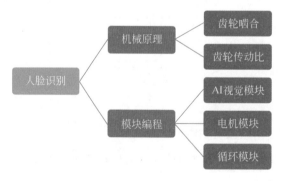

图 3-7　设计结构图

图图总结出刷脸乘车装置的工作步骤，如表 3-4 所示。

表 3-4　刷脸乘车装置的工作步骤

步　骤	说　明
步骤 1	刷脸乘车装置检测到人脸
步骤 2	刷脸乘车装置提取人脸特征
步骤 3	刷脸乘车装置将提取到的人脸特征与模型对比
步骤 4	刷脸乘车装置对比后做出判断
步骤 5	判断后打开道闸或保持其关闭状态
步骤 6	循环模块保持程序重复执行

大显身手

1. 实践案例

人脸识别技术是基于人的脸部特征，对输入的人脸图像或者视频流首先判断其是否存在人脸，如果存在人脸，则进一步给出每张脸的位置、大小和各个主要面部器官的位置信息。依据这些信息，进一步提取每个人脸中所蕴含的身份特征，并将其与已知的人脸进行对比，从而识别每个人脸的身份。人脸识别系统识别流程如图 3-8 所示。

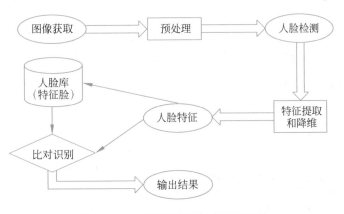

图 3-8　人脸识别系统识别流程

2. 实践流程图

人脸识别程序设计流程图如图 3-9 所示。

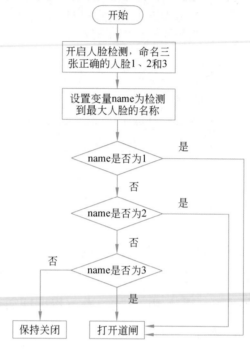

图 3-9　人脸识别程序设计流程图

3. 实践步骤

（1）刷脸乘车装置硬件搭建如图 3-10 所示。

（2）编写程序，开启人脸检测模式，设置人脸检测阈值为 50，识别录入至少三张人脸，命名为 1、2、3，程序图如图 3-11 所示。

小贴士

　制作过程中需要设置人脸检测阈值。

图 3-10　刷脸乘车装置硬件搭建

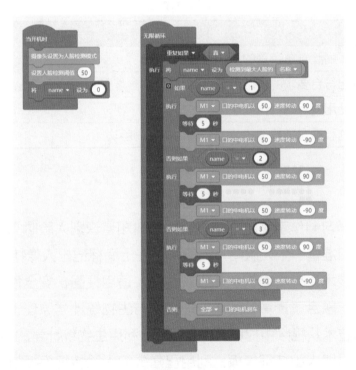

图 3-11　刷脸乘车装置程序图

（3）新建变量 name，将初始值设为 0，执行 while-true 循环，将 name 设为检测到最大人脸的名称，当 name 为 1 时开启道闸，当 name 为 2 时开启道闸，当 name 为 3 时开启道闸；否则，当 name 不等于 1、2、3 时保持道闸关闭。

我的小成就

通过本节课的学习，大家了解了刷脸乘车，快来体验一下并填写表 3-5。注：五角星的数量越多代表知识的掌握程度越好，同学们，快来比一比谁能获得更多的五角星吧！

表 3-5　刷脸乘车装置评价表

评价内容	评价
我弄清楚了刷脸乘车装置的工作原理	☆ ☆ ☆ ☆ ☆
我能搭建出符合要求的刷脸乘车装置	☆ ☆ ☆ ☆ ☆
我学会了使用编程的视觉模块	☆ ☆ ☆ ☆ ☆
我搭建的刷脸乘车装置能快速、准确地实现刷脸功能	☆ ☆ ☆ ☆ ☆

AI 爱创新

今天大家学习制作了刷脸乘车机器人，你知道识别人脸时需要提取哪些特征吗？请同学们准备一张人脸图片或照片，在上面标记出人像特征点。

人脸识别技术具有精准识别、直观性好、适用性强、安全性好和功能强大等功能特点，它融合了计算机图像处理技术与生物统计学原理于一体，利用计算机图像处理技术从视频中提取人像特征点，利用生物统计学的原理进行分析，建立数学模型，即人脸特征模板。利用已建成的人脸特征模板与被测者的人的面像进行特征分析，根据分析的结果给出一个相似值，通过这个值即可确定是否为同一人。人脸特征提取如图 3-12 所示。

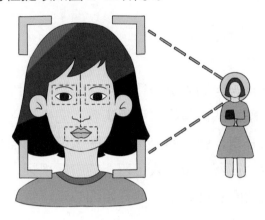

图 3-12　人脸特征提取

第三课　车牌识别

　　图图最近发现爸爸妈妈的手机银行很多时候需要刷脸验证，他跟爸爸妈妈请教了刷脸验证的原理。从爸爸妈妈那里听到了图像识别、语音识别和文本识别这些文字。他非常好奇，就在网上查找了图像识别的相关内容，发现原来生活中有这么多的应用。在网上看着人工智能的应用视频，他心想如果我也能用人工智能解决一些生活问题就好了，他开始细心观察生活，寻找需要解决的问题。刷脸验证如图 3-13 所示。

图 3-13　刷脸验证

聪明的大脑

图图所住的小区行人和车辆进入是由门卫遥控放行的，有时候车辆到位后门卫没有及时开门，车辆需要等待，这样很容易造成多辆汽车等待。图图想如果小区的大门能够自动识别车牌号码，这样就不会出现类似情景了。图图开始计划设计一套车牌自动识别系统，他在跟家人一起去停车场时仔细观察了车牌识别系统的工作过程，发现车辆偶尔角度比较大时，自动识别系统有时候就不工作。图图通过跟长辈请教和查阅资料，了解了车牌识别系统的工作原理，他开始尝试设计自己的车牌识别系统。车牌识别如图 3-14 所示。

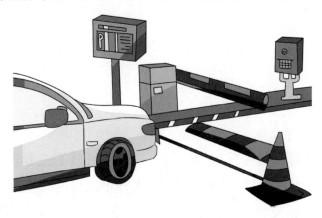

图 3-14　车牌识别

AI 大挑战

任务一：设计并制作一个车牌识别机器人。

任务二：选择视觉传感器来完成车牌文本信息识别。

任务三：检测到指定车牌文本信息，开启智能闸机。

准备好了

（1）工具（设备）：AI9 编程软件和计算机。

（2）材料：AI9 主控器、AI 视觉模块、中型电机、结构零件。

奇思妙想

大家学习了车牌识别的原理，完成表 3-6 中的方案设计图。

表 3-6　方案设计

方案设计图	创 意 想 法

大显身手

1. 实践案例

车牌识别系统需要选择视觉传感器，视觉传感器的主要功能是获取足够的机器视觉系统要处理的最原始图像，主要由一个或者两个图形传感器组成，有时还要配以光投射器及其他辅助设备。在项目模拟过程中选择 AI9 视觉模块、AI9 电机和结构件进行设计和搭建硬件结构。在软件中实现车牌字符分割和车牌字符识别。车牌识别硬件结构如图 3-15 所示。

图 3-15　车牌识别硬件结构

2. 实践流程图

请同学们思考该项目制作调试的顺序是怎样的，尝试写出制作调试的流程图，并填入表 3-7 中。

表 3-7 制作调试的流程图

制作调试流程图	备 注

请根据程序流程图（见图 3-16）尝试编写车牌识别系统的程序，并进行调试。

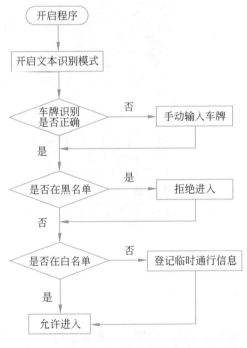

图 3-16 程序流程图

3. 实践步骤

（1）搭建车牌识别系统主框架结构。

（2）安装车牌识别系统的控制器和视觉模块。

（3）编写控制程序，参考程序如图 3-17 所示。

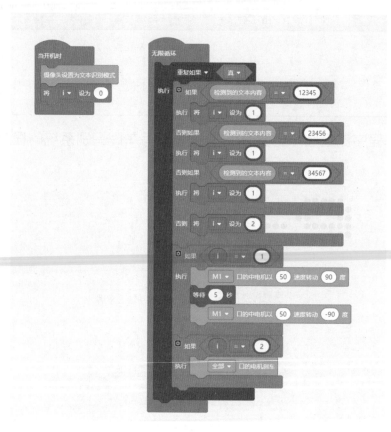

图 3-17　参考程序

小贴士

制作过程中注意结构设计的合理性，避免出现倾倒等问题。

我的小成就

通过本节课的学习，大家了解了车牌识别，快来体验一下并评价它的相关内容。根据体验，利用五星指标完成表 3-8。

表 3-8　车牌识别评价表

评 价 内 容	评　价
人工智能对人类生活的影响	☆ ☆ ☆ ☆ ☆
车牌识别的工作过程理解	☆ ☆ ☆ ☆ ☆
视觉传感器的原理	☆ ☆ ☆ ☆ ☆
车牌识别系统的设计与制作	☆ ☆ ☆ ☆ ☆

AI 爱创新

单摄像头车牌识别系统存在车牌角度问题，是否能设计双摄像头的车牌识别系统，请查阅资料了解双摄像头识别系统的原理，并尝试设计与制作。

第四单元
智能机器人

学习目标

（1）了解机器人对人类生活的影响，体会机器人与人、机器的关系。
（2）能理解案例机器人的基本工作原理、组成部分和典型结构。
（3）能根据机器人的感知需求合理选择传感器，完成机器人组装。
（4）掌握案例机器人的程序设计、调试、下载方法，完成控制任务。

约 1800 年前，诸葛亮发明了运输工具木牛流马，它们是古代机器人的典型代表。古代机器人为自动机械物体，它们是现代机器人的鼻祖。随着人工智能的发展，服务机器人、教育机器人、工业机器人、医疗机器人与娱乐机器人等机器人的智能性得到进一步发展，并逐渐走进人们的生活，如图 4-1 所示。它们在各行各业帮助人，与人合作完成一定的工作，但也对某些职业产生了一定的竞争和威胁。同学们，你接触过哪些机器人呢？了解过它们的工作原理吗？想不想亲自设计一款机器人呢？

图 4-1　机器人与人的合作、竞争

第一课　防疫机器人

近年来，一场突如其来的疫情严重影响了人们的生活。由于新型冠状病毒感染的影响，各个小区及公共场所在疫情严重时都开始进行测温登记，一些医院及公共场合也开始使用测温机器人，如图 4-2 所示。图图和灵灵所在的小区保安人员比较少，保安测温的同时很难兼顾其他的事情，图图和灵灵商量一起来设计一台简易测温和人员统计的机器人来帮助保安叔叔。

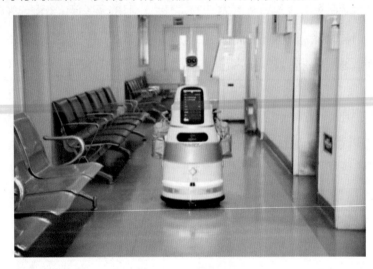

图 4-2　测温机器人

聪明的大脑

人工测温及记录费时费力，如图 4-3 所示。图图觉得测温机器人的功能首先是可以测量进出的行人体温，把体温超过正常值的人记录下来，同时做提醒。灵灵觉得，如果要更好地防止疫情扩散，可以采用摄像头记录下来体温异常人员的面部信息，以便后续进一步关注邻居身体情况。两人商议后形成了一套方案。

图 4-3 人工测温

AI 大挑战

任务一：选择温度传感器来实现行人体温的测量。

任务二：体温超过正常值的进行记录并提醒。

准备好了

（1）工具（设备）：计算机、AI9 编程软件。

（2）材料：AI9 主控器、AI 视觉模块、温度传感器。

奇思妙想

大家了解了防疫机器人的应用，根据自己的想法完成表 4-1 中的方案设计。

表 4-1　方案设计

方 案 设 计 图	创 意 想 法

大显身手

1. 实践案例

防疫测温机器人选用温度传感器（temperature transducer），温度传感器是指能感受温度并将采集到的温度转换成电信号的传感器。在控制系统中，温度传感器会将转换的电信号传给控制器。温度测量方式可分为接触式和非接触式两大类。防疫测温采用非接触式温度测量的方法。防疫测温机器人的结构采用人工智能创新教育机器人套装 AI9 中的结构零件进行搭建，其高度根据放置位置来决定。整体底座尽量大，以保证其稳定性，温度传感器放置在顶端便于测量行人体温。防疫机器人硬件结构图如图 4-4 所示。

图 4-4　防疫机器人硬件结构图

2. 实践流程图

请同学们思考该项目制作调试的顺序是怎样的，尝试写出制作调试的流程图，并填写到表 4-2 中。

表 4-2　制作调试流程图

制作调试流程图	备　注

请根据程序流程图（见图 4-5）尝试编写测温机器人的程序，并进行调试。

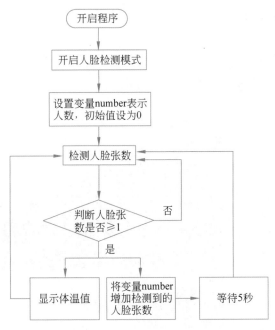

图 4-5　程序流程图

3. 实践步骤

（1）搭建防疫测温机器人的底座，固定控制器，如图 4-6 所示。

（2）安装温度传感器及摄像头，如图 4-7 所示。

图 4-6　安装底座及控制器

图 4-7　安装温度传感器及摄像头

（3）安装连接线。

（4）编写程序，参考程序如图 4-8 所示。

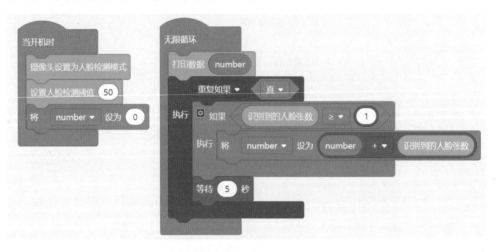

图 4-8　参考程序

（5）下载调试。

> **小贴士**
>
> 　　在设计及搭建过程中，考虑控制器比较重，整体结构不易太高，控制器的位置结合总高和连接线的长度综合决定。

我的小成就

通过本节课的学习，大家了解了防疫测温机器人，填写五星指标来完成表4-3。

表4-3　评价表

评 价 内 容	评　　价
机器人对人类生活的影响	☆ ☆ ☆ ☆ ☆
防疫测温机器人的工作原理	☆ ☆ ☆ ☆ ☆
温度传感器的类型和原理	☆ ☆ ☆ ☆ ☆
防疫测温机器人程序编写与调试	☆ ☆ ☆ ☆ ☆

AI 爱创新

（1）选择其他类型传感器并附加功能，让防疫测温机器人可以跟随行人并测温，写出你的设计方案并尝试，填写到表 4-4 中。

表4-4　跟随测温机器人草图

跟随测温机器人的草图	器 材 清 单

（2）防疫机器人除测量温度外，请你设计其他功能，填写到表 4-5 中。

表 4-5　防疫机器人的其他功能及草图

防疫机器人的其他功能及草图	器 材 清 单

第二课　看护机器人

　　灵灵家隔壁的奶奶生病了，她的女儿因单位有事要出去，就委托灵灵帮忙照顾奶奶。灵灵来到奶奶家，看到她躺在床上不能动弹，奶奶告诉灵灵她想喝水，灵灵忙跑去给奶奶拿来水。灵灵想到病人应该多补充新鲜水果，就给奶奶拿来了香蕉，又帮奶奶按摩身体，陪她聊天让奶奶开心。到了傍晚，奶奶的女儿还没忙完。灵灵发现阿姨因工作繁忙无法时刻照顾生病的奶奶，她灵机一动，想到那能不能制作一个机器人在阿姨工作繁忙时代替她照顾奶奶呢？

聪明的大脑

　　灵灵与 AI 小博士交流了自己的想法，AI 小博士夸奖灵灵有爱心又善于观察、思考，他告诉灵灵现在很多家庭都面临这个问题，建议灵灵先思考设计的这款机器人想要实现哪些功能，然后再去设计制作。灵灵回到家，躺在床上，把自己想象成隔壁的奶奶，她发现因为自己不能下床，所以取东西是需要别人帮忙的，所以这款机器人要有取物的功能；怎么能让机器人知道病人有取物需求呢？她首先想到了使用声音控制机器人，但她发现病人生病期间大部分声音微弱，因此声音控制机器人不是特别合适。她求助于 AI 小博士，AI 小博士告诉她也可以采用手势来控制机器人取物。灵灵觉得 AI 小博士的建议特别棒，于是开始设计、制作机器人。

AI 大挑战

　　为了更好地完成这种看护机器人的制作，灵灵决定先弄清看护机器人的工作原理，再进行硬件的搭建和程序控制，并对整个过程进行设计。设计过程如图 4-9 所示。

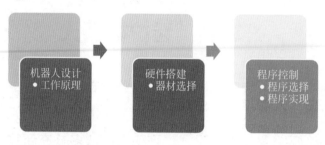

图 4-9　设计过程

首先要弄清楚看护机器人的工作原理。亲爱的同学们，来和灵灵一起完成吧！

（1）用（　　　）能够检测病人的手势，从而实现与机器人交流的目的。

（2）机器人接到命令后，用（　　　）实现移动。

（3）机器人用（　　　）实现取物功能。

准备好了

（1）工具（设备）：手势识别模块、电机、舵机、计算机编程软件等。

（2）材料：水杯、水果等。

奇思妙想

灵灵从机械原理和模块编程两方面构思了看护机器人的设计结构图，如图 4-10 所示。

灵灵总结出看护机器人的工作步骤，如表 4-6 所示。

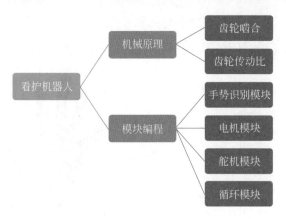

图 4-10　设计结构图

表 4-6　看护机器人的工作步骤

步　　骤	说　　明
步骤 1	看护机器人检测到手势
步骤 2	看护机器人依据检测到的手势移动位置
步骤 3	看护机器人到指定位置抓物
步骤 4	抓物完成后返回
步骤 5	将物品交给病人，等待下一指令的发出
步骤 6	循环模块保持程序重复执行

大显身手

1. 实践案例

一个基于视觉手势识别系统的构成应包括图像采集、图像预处理、特征提取和选择、分类器设计及手势识别。其流程大致如图 4-11 所示。

图 4-11　视觉手势识别系统识别流程

其中，有三个步骤是识别系统的关键，分别是图像预处理时手势的分割、特征提取和选择及手势识别采用的算法。图像预处理手势的特征提取如图 4-12 所示。

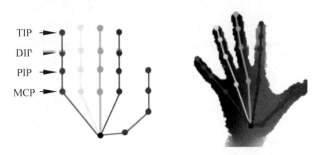

图 4-12　图像预处理手势的特征提取

手势识别传感器是一款集成 3D 手势识别和运动跟踪为一体的交互式传感器，传感器可以在有效范围内识别手指的顺时针、逆时针转动方向和手指的运动方向等。

2. 实践流程图

看护机器人程序设计流程图如图 4-13 所示。

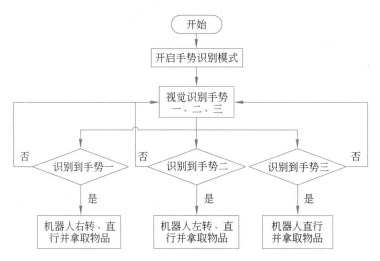

图 4-13　看护机器人程序设计流程图

3. 实践步骤

（1）看护机器人硬件搭建如图 4-14 所示。

图 4-14　看护机器人硬件搭建

（2）编写程序，开启手势识别模式，设置手势阈值为 50，分别检测手势一、二和三，执行 while-true 循环。看护机器人参考程序如图 4-15 所示。

> **小贴士**
>
> 　　制作过程中需要设置手势阈值。

（3）当检测到手势为一时，机器人右转、直行并拿取物品。

（4）当检测到手势为二时，机器人左转、直行并拿取物品。

（5）当检测到手势为三时，机器人直行并拿取物品。

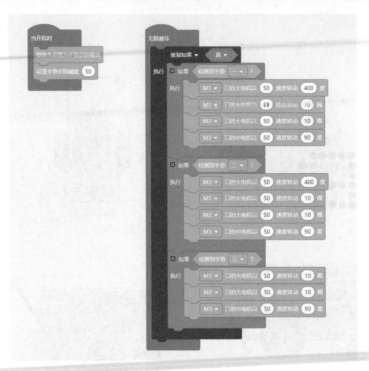

图 4-15　看护机器人参考程序

我的小成就

通过本节课的学习，大家学会了制作看护机器人，快来体验一下并填写表 4-7。注：五角星的数量越多代表知识的掌握程度越好。同学们，快来比一比谁获得了更多的五角星吧！

表 4-7　看护机器人自评表

评　价　内　容	评　　价
我弄清楚了看护机器人的工作原理	☆ ☆ ☆ ☆ ☆
我能搭建出符合看护要求的机器人	☆ ☆ ☆ ☆ ☆

续表

评 价 内 容	评　价
我学会了使用编程的手势识别模块	☆ ☆ ☆ ☆ ☆
我搭建的机器人能快速、准确地实现看护功能	☆ ☆ ☆ ☆ ☆

AI 爱创新

今天大家学习制作了看护机器人，你还能想到哪些个性化服务呢？请和小组成员讨论一下，并将讨论结果记录下来，填入表 4-8 中。

表 4-8　看护机器人个性化服务列表

_____

_____

_____

随着人工智能、大数据、物联网、云计算等技术的不断成熟，看护机器人将被赋予更多功能，既能够完成家政服务，进行身体监测、康复护理，又可以聊天娱乐，还能控制家电、预约就诊挂号等。通过智能感知系统，结合语义理解、图像自动识别、深度行为树分析模型等技术，机器人可根据用户的表情和手势指令提供相应服务；通过主动识别并学习看护对象的生活习惯，可体察人类情感并建立用户画像，提供个性化服务；通过医疗资源整合，把看护机器人与社区、养老院和医院有机联合在一起，运用信息化技术实现"一对多"的新型看护模式，帮助患者、残障人士和老年人利用科技过上独立自主的生活。

看护机器人能够协助医护人员或家属对患者或老人进行护理，监测被看护对象的健康情况，并提供陪伴服务等。看护机器人涉及的核心技术主要包括仿人手抓取技术、多模态柔性传感技术、情感计算技术。在抗疫中可协助医护人员及家属进行远程看护和处理日常事务，能够避免人员密切接触造成交叉感染。
医院中的看护机器人如图 4-16 所示。

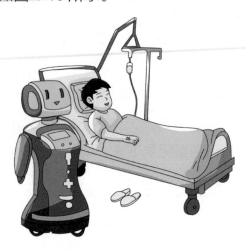

图 4-16　看护机器人

第三课 智能分拣机器人

新型冠状病毒感染疫情之后，图图和灵灵所居住小区的快递员不能挨家挨户送快递了，小区也没有快递柜，只能在小区门口放置了一个大架子用来存放快递。有一天，图图和灵灵去帮家人取快递，快递公司划分了相应的区域，但因快递员未按要求摆放，或因取快递的人多次翻找，快递都混到了一起，图图和灵灵用了半小时才找到自己的快递。两人在感慨找快递费力耗时的同时，开始思考物流、快递或大型商品公司的仓库是如何分拣快递的呢？

聪明的大脑

图图和灵灵向 AI 小博士询问这个问题并表示也想制作一个分拣机器人，AI小博士夸奖他们能够善于从生活中发现问题，特别棒！他告诉图图和灵灵，随着网络购物行业的兴起，分拣机器人的需求量也会逐渐增多。考虑到目前已有的模块，AI 小博士建议图图和灵灵制作一个颜色分拣机器人，先思考设计的这款机器人怎样实现颜色识别功能，然后再去设计制作。图图和灵灵按照 AI 小博士的建议查找了如何实现颜色识别，识别后又如何进行分拣呢？

AI 大挑战

为了更好地完成这种颜色分拣机器人的制作，图图决定先弄清颜色分拣机器人的工作原理，再进行硬件的搭建和程序控制，并对整个过程进行设计，设计过程如图 4-17 所示。

首先要弄清楚颜色分拣机器人的工作原理。亲爱的同学们，来和图图一起完成吧！

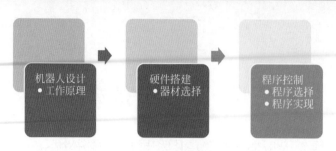

图 4-17　设计过程

（1）用（　　　）能够检测物品的颜色，从而实现颜色识别。

（2）识别颜色后，用（　　　）实现分拣。

准备好了

（1）工具（设备）：颜色识别模块、电机、计算机编程软件等。

（2）材料：红色和其他颜色物品。

奇思妙想

灵灵从机械原理和模块编程两方面构思了颜色分拣机器人的设计结构图，如图 4-18 所示。

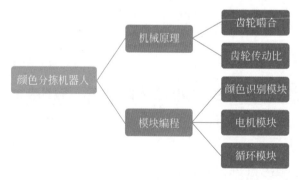

图 4-18　设计结构图

灵灵总结出"颜色识别机器人"的工作步骤，如表 4-9 所示。

表 4-9 颜色识别机器人的工作步骤

步　骤	说　　明
步骤 1	颜色识别机器人检测到物品颜色
步骤 2	颜色识别机器人依据检测到的物品颜色启动电机
步骤 3	检测到红色物品则电机左转，将物品落入红色物品仓；检测到物品颜色不是红色则电机右转，将物品落入非红色物品仓
步骤 4	循环模块保持程序重复执行

大显身手

1. 实践案例

颜色识别自动分拣系统基于自然界的三基色原理（R、G、B），在颜色传感器基础上利用电机转轴的旋转来实现对物体自动分拣。颜色识别自动分拣系统广泛应用于工厂物品的划分、药厂对不同颜色药品的归类、生活中检测番茄成熟度等。颜色识别系统识别流程如图 4-19 所示。

图 4-19 颜色识别系统识别流程

2. 实践流程图

颜色识别机器人的程序设计流程图如图 4-20 所示。

3. 实践步骤

（1）颜色识别机器人硬件结构图如图 4-21 所示。

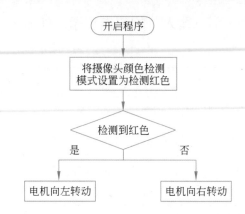

图 4-20　颜色识别机器人的程序设计流程图

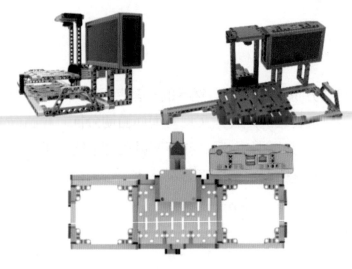

图 4-21　颜色识别机器人硬件结构图

（2）编写程序，开启颜色识别模式，启动电机，执行 while-true 循环，参考程序如图 4-22 所示。

（3）开启颜色识别模式，将检测的颜色设置为红色，当摄像头识别到红色物品时控制电机正转一定角度，识别到其他颜色物品时控制电机反转一定角度，

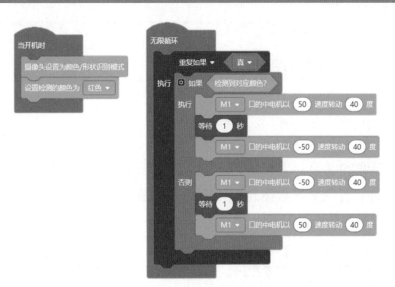

图 4-22　颜色识别机器人参考程序

当物品分类完电机返回初始位置；颜色识别机器人硬件结构图如图 4-23 所示。

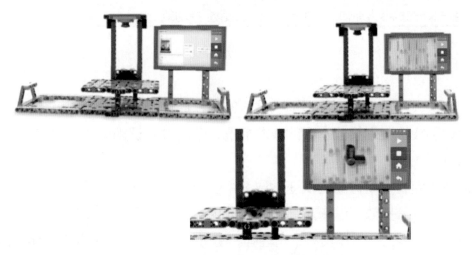

图 4-23　颜色识别机器人硬件结构图

（4）执行 while-true 循环。

> **安全提示**
>
> 颜色识别机器人工作时不要触碰电机！

我的小成就

通过本节课的学习，大家学习了制作颜色识别机器人，快来体验一下并填写表 4-10。注：五角星的数量越多代表知识的掌握程度越好。同学们，快来比一比谁能获得更多的五角星吧！

表 4-10　颜色识别机器人自评表

评 价 内 容	评　价
我弄清楚了颜色识别机器人的工作原理	☆ ☆ ☆ ☆ ☆
我能搭建出符合要求的颜色识别机器人	☆ ☆ ☆ ☆ ☆
我学会了使用编程软件中的颜色识别模块	☆ ☆ ☆ ☆ ☆
我搭建的机器人能快速、准确地实现颜色分拣功能	☆ ☆ ☆ ☆ ☆

AI 爱创新

本节课大家学习了颜色识别机器人的工作原理，请同学们思考是否可以使用颜色识别模块鉴别某些水果的成熟情况，使用颜色识别模块还可以制作哪些功能的机器人呢？

近些年随着电商行业的快速发展，中国快递行业的整体规模迅速壮大，要求快递邮件的分拣效率越来越高，在行业内部广泛使用的交叉带自动分拣机具有高效的处理能力，但投资高、刚性强，使得各快递企业对投入有一定的顾虑。当前，分拣机器人系统的广泛应用更引起了各快递企业的关注，并迅速呈现出智能化、自动化发展的新趋势。通过分拣机器人系统与工业相机的快速读码及智能分拣系统相结合，可实现包裹称重／读码后的快速分拣及信息记录交互等工作。分拣机器人系统可大量减少分拣过程中的人工需求，提高分拣效率及自动化程度，并大幅度提高分拣准确率。分拣系列机器人如图 4-24 所示。

图 4-24　分拣系列机器人

机器人分拣作业流程如下。

（1）揽件：包裹到达分拣中心后，卸货至皮带机，由工作人员控制供件节奏，包裹经皮带机输送至拣货区工位。

（2）放件：工人只需将包裹以面单朝上的方向放置在排队等候的自动分拣机器人上，机器人搬运包裹过龙门架进行面单扫描以读取订单信息，同时机器人可自动完成包裹称重，该包裹的信息将直接显示并上传到控制系统中。

（3）机器人分拣：所有分拣机器人均有后台管理系统控制和调度，并根据优化算法为每个机器人安排最优路径进行包裹投递。Geek+ 的 S 系列分拣机器人在分拣作业过程中可完成互相避让、自动避障等功能，系统根据实时的道路运行状况尽可能地使机器人避开拥堵。当机器人运行至目的地格口时，停止运行并通过机器人上方的辊道将包裹推入格口，包裹顺着滑道落入集包区域。目的地格口按照城市设置。未来随着业务量的增加，可灵活调节格口数量，甚至一个城市分布多个格口。机器人分拣小物件如图 4-25 所示。

图 4-25　机器人分拣小物件

（4）集包装车：集包工人打包完毕后，将包裹放上传送带，完成包裹的自动装车。